「0歳児保育」は国を滅ぼす

Amiya Yukari

網谷由香利

論創社

はじめに

いま、日本は超高齢少子化社会が歴史上、他に類を見ない速度で進行しています。この三〇年間で出生数は半減し、若者の未婚率は急上昇し、日本は確実に人口減少時代に突入しました。

急速な少子化傾向の原因はどこにあるのか、そして少子化をくいとめるにはどうしたらいいのかは深刻な課題となっています。

なぜ結婚しないのか、なぜ子どもを産まないのか。

その要因の一つとして、女性の社会進出が進み、仕事を持つ女性が増加したにもかかわらず、仕事と育児を両立させる社会的条件が整っていないからだという考えがあります。

出産、育児のために会社を辞めてしまうと、育児に余裕ができて再就職したいと思っても、そこには厳しい現実が待ち受けています。

一度辞めた会社に再雇用される可能性は低く、他社への正規雇用での再就職は狭き門、パートタイムでようやく仕事に就けても給与水準は大幅にダウンしてしまいます。

せっかく積み上げてきたキャリアを捨てなければならない可能性があるのなら、子どもを産まないという選択をする女性が増えることも現状ではいたしかたないのかもしれません。

だからこそ、女性が安心して子どもを産み、健やかに子どもを育てることのできる社会にしていかなければ、この少子化をくいとめることは不可能でしょう。

ただ、ここで考えていただきたいのは、子育てと女性の社会進出は、相反するものではなく、両立するものでなくてはならないということです。

当然にその両者が両立できる社会であることが、女性にとって、ひいては日本の社会にとっても望ましい姿であり、少子化の根本的な対策になると考えます。

しかし、今の日本は、子どもを持った女性の「社会進出」にのみ視点が偏り、そのための支援ばかりが議論されていて、もう一方にある「子育て」の重要性については、誰も語らず、脇に押しやられてしまっているように思えます。

本当にそれでいいのでしょうか？

今、社会的な問題として取り上げられているのは「保育園不足」です。「働きたいけれども、子どもを預かってくれるところがない」という訴えは、悲痛なものであり、マスコミも大きく取り上げ、政府もその対策に追われています。

特に、生まれて間もない「○歳児」を預かってくれるところは非常に不足しています。○歳児の場合、より年長の幼児に比べ、保育士の数が二倍から三倍以上も必要となり、どうしても施設数が需要に追いつくことができない状態になっています。

その対策として、「○歳児保育の施設をたくさんつくること」がベストであるけれども、なかなかそうした施設が十分に供給できないことが問題であると捉《とら》えられています。

果たして、問題の根本はそこにあるのでしょうか。

「乳幼児の母親の社会進出」という側面からの対策は、大人、つまり働く親の側からのみの必要性を重視した対策です。

しかし、よく考えてみると、そこにいるのは親だけではありません。

子どもが、しかも赤ちゃんが存在しているのです。


子どもを産んだ女性の社会進出ばかりを優先するのではなく、まずは、赤ちゃんの人生こそ最優先する必要があり、赤ちゃんが安心して母親の元で育っていくための対策こそが最も必要な支援なのではないでしょうか。

「〇歳児」を保育施設において集団（たとえ少人数とはいえ）で保育することを、軽く捉えてはいないでしょうか。

それは子どもが、〇歳のときから母親と分離した状態で、長時間、不特定の他者と過ごすということなのです。

そこに問題はないのでしょうか？

こうした「母子分離」は、じつは動物の本来のあり方からみて、極めて不自然であるばかりか、非常に危険なことなのです。

確実に進行している少子化のもと、〇歳児期における母子分離が当然のこととして、日本中に広がってしまうことは非常に危ういことであり、ひいては国を、社会を破壊することにもなりかねません。

こうした観点から、保育施設で、母親と分離した形で〇歳児を保育するのではなく、少なくとも赤ちゃんが一歳を迎えるまでは、母親がみずから育てるべきであることを本書では提案します。

どうか、先入観をお持ちにならず、「〇歳児」とどう関わっていくべきか、赤ちゃんのために、大人はなにをなすべきかをご一緒に考えていただければと思います。

網谷由香利

「〇歳児保育」は国を滅ぼす　目次

第三章　いま、日本の子どもたちが危ない

第四章　〇歳児保育はやめよう

第一章　子どもを育てるとは

育児と性差の関係を考えてみよう

たまたま二〇代の、性同一性障害の青年たちと話をする機会がありました。身体とこころの性が一致していないのではないかと人知れず悩み、親にも打ち明けることができずにいる青年たちです。

セラピーを受けていくなかで、彼らは自分がどちらの性で生きていくべきかを少しずつ自覚できるようになっていきます。

こうした青年たちとの話の中で興味深かったことは、今、話題になっている「男性の育児休暇」についてどう思うかを訊《たず》ねてみたとき、それぞれの反応が異なっていたことでした。

本来、男性は「育児休暇をとるのはイヤだ」と思います。

世の中の風潮からそれを口に出して言うことはしなくても、こころの中では「イヤだ、育児なんてしたくない」と考えています。

こういった男の子の本質はオスだといえます。

それに対して、「仕事より育児をしたい」と積極的に思う男の子もいます。

おそらく、こちらは本質が女の子なのです。

生まれてきた身体は男性でも、こころは女性なのです。

ここで注意すべきは、こうした内面を隠して結婚したとき、この男性は母親である妻とライバル関係になってしまうという点です。

この男性には、赤ちゃんを独占したいという気持ちが、ごく自然に生まれてくるからです。

そうなったとき、赤ちゃんにとっては、二人のお母さんが同時に存在する結果になってしまいます。

生まれたばかりの赤ちゃんは、母親と一体です。

しかし、二人の母親がいたとしたら、しがみつく相手が二人いることになってしまい、赤ちゃんは混乱してしまうでしょう。

性同一性障害の男性が、ほんとうの性は女性で、赤ちゃんと一体になりたいと感じ、男性の育児休暇をとったと仮定しましょう。

世間では大いに「歓迎されること」「望ましいこと」「これからの日本にとってあるべき姿」として受け取られることでしょう。

しかし、こうなったとき、家庭内では奥さんとこの男性との間にはライバル関係が発生します。

もし仮に奥さんがこころを病んでいて、育児をしたくないという状況だったら、皮肉なことですが、赤ちゃんは混乱しなくてすむかもしれません。

赤ちゃんにとって、生まれてすぐに一体化する対象は一人だけです。

この場合、身体的には父親ですが、心理的には母親となって赤ちゃんと一体化することができるでしょう。

しかし、健康な妻であった場合は、母親が二人存在することになってしまいます。そうなるともはや夫婦ではなく、女同士の争いが繰り広げられてしまいます。

育児休暇をとっても、育児をしない父親であるなら、赤ちゃんにとってマイナスはないのですが、母親と同等いやそれ以上に育児に熱心な父親であった場合、結果的に赤ちゃんにとっては弊害になる可能性があります。

本来、男性のＤＮＡに育児は組み込まれていない

誤解を恐れずに申し上げるなら、ごく普通の男性においては、赤ちゃんの育児はイヤだ、自ら望んでしたいとは思わないというのが、ある意味で普通の感情だといえるでしょう。

ときどきは赤ちゃんと遊んだり、あやしたりすることは楽しいと思えても、母親代わ

りに父親が「〇歳児」の育児にあたることは、けっして自然なことではありません。男性のＤＮＡに「赤ちゃんの育児をしたい」という本能は組み込まれていないと見るほうが妥当なのです。

通常、母親が赤ちゃんを育てるのが自然の姿であり、だからこそ、母親から赤ちゃんを奪ってはならないのです。

ところが、現在の日本の風潮では、「育児には関わりたくない」という本音を男性が口にすることはばかられます。

社会が「男性も育児にあたるべきだ」としているからです。

ただ、女性が「男性にも育児に参加してもらいたい」と考えるのは、子育てに伴うさまざまな雑用を男性も分担すべきだと思うからではないでしょうか。

夫の休暇があくまで、妻へのサービスとして、家事を分担するということでしたら、そこには意味があるでしょう。

それを他者に依頼した場合、相応のコスト負担をしなければなりませんが、夫が負担すれば他者へのコスト支払いをしなくて済み、かつ本業の給与を一定期間保証されるとしたら、男性の休暇はプラスに働くかもしれません。

しかし、それはあくまで「赤ちゃんを育てる母親を手助けするために家事の一部を担当する」ための休暇であって、「育児のための休暇」ではないのです。

こうした理由から、今、日本で「良いこと」として喧伝《けんでん》されている「男性の育児休暇」は、その言葉通りに男性が育児をした場合には、赤ちゃんにとって必ずしもプラスにならないのです。

今、夫のこうした休暇にも「育児休暇」という言葉が使われていますが、これは適切ではありません。

どんな言葉を使おうと大したことではないと思われるかもしれませんが、社会全体が育児の本質、とりわけ新生児、○歳児をどう育てるかについて、深く理解することが必要だと思います。

人間は、言葉を介して思考する生き物ですので、語彙《ごい》の不適切さが、行動の誤りに直結しがちです。

ですから、男性が仕事を休んで家事にあたることそのものは否定しませんが、夫については「育児休暇」という語を用いないほうが好ましいことを強調したいのです。

母子分離の弊害が出てくるのは

早い時期に「母子分離」してしまった場合、多くは思春期にその弊害が出てきます。年齢では一〇歳から一二歳、一三歳くらいの年代です。

次には一八歳以降の青年期に思春期よりも悪化した状態で症状がでてきます。

母子分離の弊害として、鬱障害《うつしょうがい》などさまざまな状態で現れてきます。

また、各種パーソナリティー障害として、境界性《きょうかいせい》人格障害や自己愛性人格障害、妄想性人格障害のようなかたちででてくるのです。

私どもの研究所には五歳、六歳くらいから母子分離が原因の子どもたちがセラピーを受けにやってきます。

もっと幼い子どもたちもやってきます。

そして、セラピーを受けることで、不安が強くて他の子と遊べなかったような子たちが治っていきます。

たとえば、強迫性障害《きょうはくせいしょうがい》になるような子たちは、お母さんも同じ症状をかかえていることがあります。

お母さん自身が普通では考えられないようなことを気にしてしまうのです。

もし、母親がそうなったとき、赤ちゃんは、それをすべてキャッチしてしまいます。

母親が不安になっていると赤ちゃんに安心感を与えることができず、赤ちゃんもどうしていいかわからず遊ぶことができなくなってしまいます。

たとえば、積み上げられた積み木を崩すことができません。

怖《こわ》いのでしょう。

ぐちゃぐちゃにすることができないのです。

つまり、不安で「遊ぶ」ことができません。

こうした母子分離の弊害がでてしまった赤ちゃんのセラピーはたいへんです。

まずは、あかちゃんに警戒されないようにすることがポイントです。

「この人なら、だいじょうぶそうだ」という安心感を得てはじめて遊びに入ることができるようになります。

一歳児や二歳児のセラピーのケースでは、お母さんにもセラピールームに入っていただき、近くに座っていただきますが、見ているだけで、いっさい手を出したり口を出したりしないことを約束していただきます。

そして、セラピー中、お母さんからの攻撃（赤ちゃんはそう感じます）が赤ちゃんに向かわない状態を作り出します。

もし、お母さんからの攻撃や干渉があると、「遊んではいけない」というメッセージになってしまいます。

船が戻ることのできる港のように、お母さんは、ただそこに居るだけでいいのです。

すると、不思議なことに、赤ちゃんは自分で治療を開始します。

セラピーを終え、赤ちゃんが安定してくると、様相は劇的に変化していきます。

まず、言葉が赤ちゃんからどんどん発せられるようになります。

まったく話せなかったような幼児でも、驚くほど多くの語彙《ごい》を獲得して、上手《じょうず》に話をするようになるのです。

セラピーに訪れる赤ちゃんのこうした変化こそが、「一歳、二歳でも母子分離の弊害がでています」ということを証明してくれるのです。

第二章　母子分離はなぜ問題なのか

こころの病も母子分離が原因の場合が多い

これまでの日本社会の文化では、こころの病は、身内や身近な人たちの中でなんとか密《ひそ》かに解決するか、あるいは内側に隠してしまうという方法がとられてきました。

こころの病を専門家の元で治療すること自体、恥ずかしいことという意識がいまだにあり、抵抗感があるように思います。

ましてや健康保険のきかないセラピーを予約して、こころの悩みを解決するという文化は、残念ながら日本にはまだ根付いていません。

それでも私の研究所には、こころを病んだ方が相当数訪れます。

しかしそれも日本社会の中では氷山の一角、ごく一部に過ぎません。

そういう意味では、セラピーを受けようと思われる方はきわめて意識の高い方々だと言えるでしょう。

遠方からも多くの方が面接を受けに来られます。

ふつうなら近所のどこかを探すのが当然でしょうが、なんとか解決したい、治りたいという思いから、遠距離でも何時間もかけて訪れるのです。

そうした皆さんは、ほとんどが「口《くち》コミ」で、知人や親戚の方から治療例や完治した事実を耳にされて、当研究所におみえになります。

それが、当研究所に全国各地から面接を受けに来られる方が拡大している理由でしょう。

面接に来られる方々が、もともとどなたのご紹介かなどは、ほとんど明らかではありません。

とにかく、治りたいというお気持でセラピーを受けに来られるのだと思います。

こうしたこころの病で悩んでいる人たちの多くが、その淵源《えんげん》をたどっていくと、乳幼児期において母子分離の状況で育てられた人たちであることに驚かされます。

母子分離の弊害というのは、乳幼児期には顕在化せず、多くはずっと後になってあらわれてくるのです。

そのため、母子分離との関係がなかなかとらえられなかったり、原因が分からずに悩む人々も多くなっています。

母子同一化によってこころの基礎が築かれる

人間の赤ちゃんは他の動物と比べて未熟な状態で生まれてきます。

赤ちゃんは自我が確立されずに生まれてくるため、赤ちゃんにとって、母親は自分でもあり、母親の目や鼻や口などを、自分の部分対象としてとらえているのです。

よりわかりやすく言えば、母親を鏡《かがみ》として赤ちゃんは自身を見ているのです。

このような状態を「母子一体化」と呼びます。

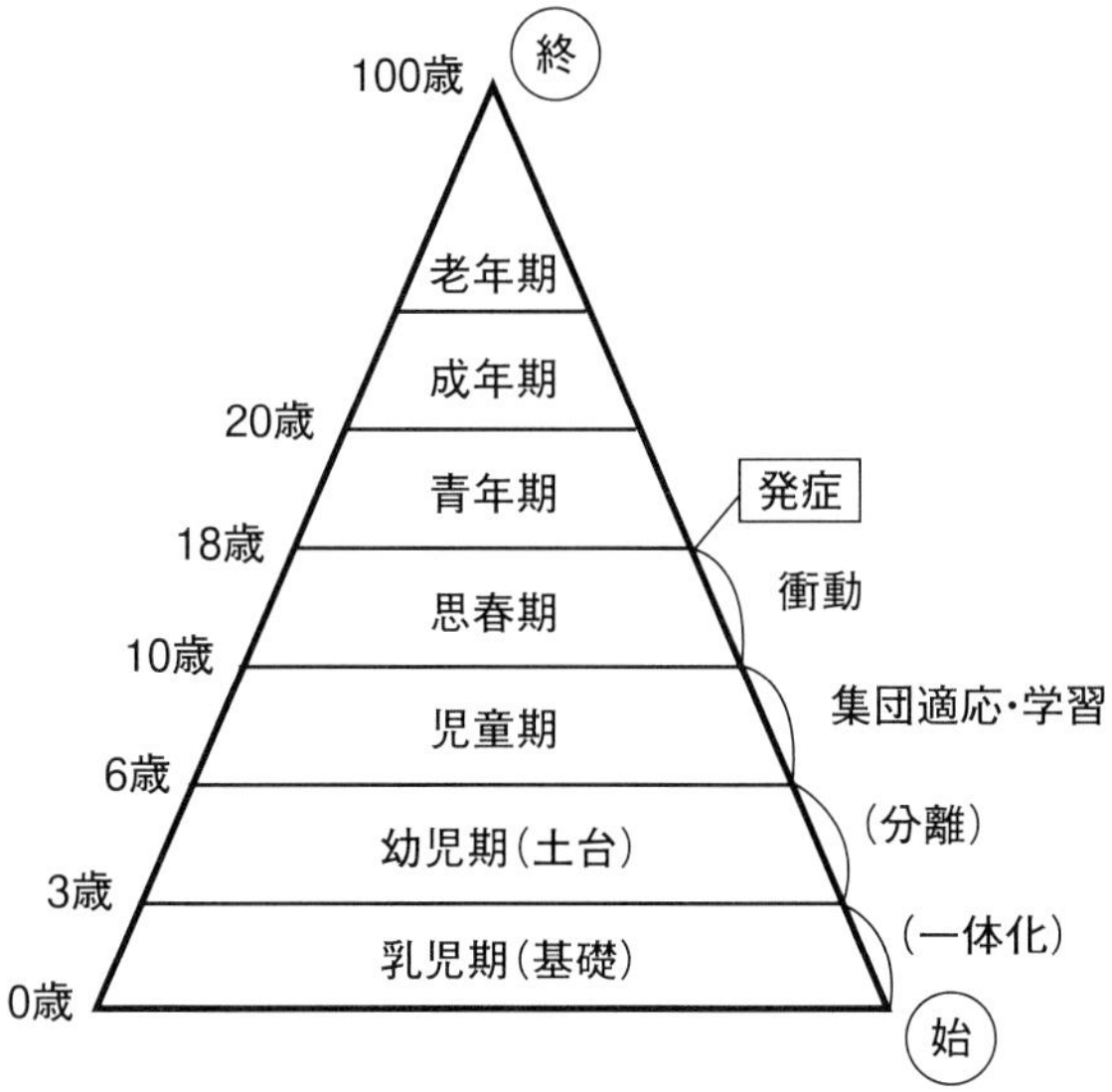

赤ちゃんは生まれた直後の母親と同一化した状態から始まり、母親を安全基地として、およそ三歳くらいになると徐々に母親から分離していきます。

その分離が始まる以前に母親から引き離されると、こころの深い領域が「不安」な状態になってしまうのです。

建築でたとえるなら、基礎ができていないのに、立派な外壁をつくったり屋根をのせたりしても、やがて崩れてしまい瓦礫《がれき》の山となってしまうのと同じです。

目には見えない基礎が、非常に重要であることがわかる例のひとつとして、地震があります。

直近では二〇一六年四月十四日に起きた熊本地震（気象庁震度階級では最も大きい震度7を観測する地震）は、今なお余震が続き、人々に恐怖と不安を与えています。

今回の大地震は熊本県のみならず大分県にも多大な被害をもたらし、多くの建物が倒壊しました。

しかし、そうした中でも比較的被害が少なかった建物は、基礎がしっかりしていたという共通項がありました。

建築の基礎づくりと同じように、人生早期の赤ちゃんの基礎づくりも、生涯にわたって多大な影響をもたらすのです。

このように重要な真実を、地震国に住む私たちに大地が教えてくれているような気がしてなりません。

母子分離は、赤ちゃんにとって大きなダメージとなるだけでなく、母親にとっても、計り知れない〝損害〟なのです。

深層心理から見れば、赤ちゃんとコミット（関与）することで、母親の〝内なる赤ちゃん〟が機能していると、内なるエネルギーが意識に回り、たとえばそのことによって感性や理解力など、母親のさまざまな能力が伸びていくのです。

ですから大げさではなく、赤ちゃんの〇歳から三歳までの時間というのは、母親にとって国家予算の一〇〇兆円よりも価値のある時間と言っていいでしょう。

どんな大富豪であろうとも、この貴重な時間を買うことはできないのです。

それほどに貴重な「母子同一化」の時間です。

○歳児保育はデメリットしかない

「保育園不足」の問題は、いま、日本全国での大きな話題となっています。

国会の場でもとりあげられるほど国民的な話題となりました。

そのきっかけとして有名になった一本のブログ記事があります。

少し長くなりますが、全文を引用してみます。

何なんだよ日本。

一億総活躍社会じゃねーのかよ。

昨日見事に保育園落ちたわ。

どうすんだよ私活躍出来ねーじゃねーか。

子供を産んで子育てして社会に出て働いて税金納めてやるって言ってるのに日本は何が不満なんだ?

何が少子化だよクソ。

子供産んだはいいけど希望通りに保育園に預けるのほぼ無理だからwって言ってて子供産むやつなんかいねーよ。

不倫してもいいし賄賂受け取るのもどうでもいいから保育園増やせよ。

オリンピックで何百億円無駄に使ってんだよ。

エンブレムとかどうでもいいから保育園作れよ。

有名なデザイナーに払う金あるなら保育園作れよ。

どうすんだよ会社やめなくちゃならねーだろ。

ふざけんな日本。

保育園増やせないなら児童手当20万にしろよ。

保育園も増やせないし児童手当も数千円しか払えないけど少子化なんとかしたいん

だよねーってそんなムシのいい話あるかよボケ。

国が子供産ませないでどうすんだよ。

金があれば子供産むってやつがゴマンといるんだから取り敢えず金出すか子供にかかる費用全てを無償にしろよ。

不倫したり賄賂受け取ったりウチワ作ってるやつ見繕って国会議員を半分位クビにすりゃ財源作れるだろ。

まじいい加減にしろ日本。


報道によれば、この激烈な文章の発信者は東京都内に暮らす三〇代前半の女性なのだそうです。

きっとやさしいお母さんなのでしょうが、保育園に入れない悔《くや》しさを意図的に乱暴な言葉を用いて、怒りをぶつけるようにキーボードをたたいたのでしょう。

そうした気持ちはじゅうぶんに理解しつつも、なんともやりきれなさを感じます。

それは、このブログを書いたお母さんは、お子さんを「預けて働く」ことに大きな比重があり、どう読んでもお子さんの気持ちに対する共感が行間に感じられない気がするのです。

まるで、子どもがいることが大きな負担であると思っているのではないかと心配になります。

きっと高等教育を受けた教養のある方なのでしょう。

為政者《いせいしゃ》や行政、そして不合理がまかり通る社会に対して罵詈雑言《ばりぞうごん》とわかっていて発している言葉だと思います。

この訴えに共感する人が非常に多く、ついには国会でも取り上げられるほど大きな話題になりました。

一面の真理を突いていて、なるほどと思う人が多かったからこそ話題になったのかもしれませんが、こうした方策しかとりようがないところまで追いつめられてしまったことは、日本の社会にとって真剣に反省しなければならないことだろうと思います。

しかし、同じ内容を訴えるとしても、もっと違った方法、表現があったのではないでしょうか。

たしかに、保育園不足は、相当に深刻です。

ここで問題なのは、ほとんど議論されていませんが、保育園といっても、なかには赤ちゃんが生後三ヵ月になるかならないかの時期から保育園に入れたいという親がかなり多くいるという事実です。

このブログを支持する人たちは、なんの疑いもなく、「〇歳児保育の大拡充は絶対に必要だ」と思うのかもしれません。

しかし、生まれて間もない赤ちゃんを預ける〇歳児保育の保育園を大増設したとするなら、してはならない母子分離が大増殖してしまうことになり、それは非常に困ったことになるのです。

保育園がないために働きに出ることができないお母さんの苛立《いらだ》ちは理解できますし、政治が怠慢だという指摘も納得できます。

また、現在の保育行政ならびに保育園事情において多くの不都合が生じてしまっているることも是正の必要があるでしょう。

圧倒的多数の人がまじめに生きているのに、不道徳な生き方をしている一部の人が存在することも事実です。

そして、潜在的な格差が社会のあちこちで露《あら》わになりつつあり、その格差が拡大していることも否定しません。

ただ、ここで声を大にして言いたいのは、社会の矛盾や政治の怠慢を指摘することはいいとしても、絶対に〇歳の赤ちゃんを母子分離させてはならないということです。

それは、明確な実際例があり、母子分離の危険性が立証されているからです。

このブログの件を大きなニュースとして取り上げたマスコミも、この点だけはしっかりと認識していただきたいと思います。

「待機児童」なんて一人もいない

希望者全員が保育園に入ることができるよう国が整備を進めようとしている「待機児童ゼロ作戦」――。

その実現は、共働き家族や働く女性にとっては一点の曇りもない素晴らしい政策に見えるかもしれません。

しかし、〇歳から三歳までの「預けられる」側の子どもにとっては、大人が思うように〝喜ばしい〟ことなのでしょうか。

「待機児童」とは一体どういう意味でしょうか。

たんなる「言葉」だけの問題であるとは思いません。

人間は言葉を用いて考える動物です。

言葉が、内容を規定してしまいます。

「待機」とは、「待ち構えている」という意味だといえるでしょう。

何を待っているのか、それが「保育園に入ること」だとしたら、赤ちゃんの自宅が「待っている場所」で、保育園が「本来の居場所」ということになってしまいはしないでしょうか。

けっして、言葉の遊びをしているわけではありません。

大人たちの一方的な都合で、「待機児童ゼロ」と訴えることが、赤ちゃんの〝こころ〟にとってどれほど悲しく恐ろしいことであるかを考えてみる必要があります。

赤ちゃんは本来、家族の中心です。

一家の太陽です。

赤ちゃんにとって自宅は、二十四時間いつでも安心して過ごせる自分を守ってくれる場所です。

眠りたいときに眠り、遊びたいときに遊んでいい唯一の居場所なのです。

赤ちゃんはそういう権利を〝天〟から保障されてこの世に生まれてきます。

それを大人が勝手に奪っていいはずはありません。

こころが健康な母親にとって、赤ちゃんとともに過ごす時間がどれほど幸せな時間か、それはけっしてお金に換算できるものではありません。

もし、そうは考えられないとするなら、それは母親の〝内なる赤ちゃん〟が傷を負ったまま放置されているのです。

赤ちゃんの存在自体が母親にストレスを与えているわけではありません。

預けられていたときの外傷体験を思い出す

セラピーの中で、保育園に預けられていたときの外傷体験を思い出す方は、じつに数多くいます。

多くの方が、お昼寝の時間は眠くなくても静かにしていたと語ります。

なぜなら保育園は幼稚園のように遊びに通う場所ではなく、預けられている場所であることを幼いながらにわかっているからです。

大人は、何気なく「子どもを預ける」「預けられている」と言いますが、「預ける」とは本来は、モノやお金に用いるべき言葉であり、一個の人格を有した子どもに用いるのは適切さを欠くのではないでしょうか。

自宅という本来の居場所を失うことは、赤ちゃんにとっては「死」に匹敵《ひってき》するほどの恐怖です。

〇歳の赤ちゃんのときから保育園に預けられていた人の中には、「お布団の中で年長児に性的なイタズラをされた」ことがトラウマになっている女性もいます。

その方の場合、保育士さんや母親はそのことをしりませんでした。

「居場所」を失う恐怖からか、誰にも訴えることができなかったからです。

お断りしておきますが、保育園自体や保育士さんには何の罪もありません。

むしろ日本の保育士さんは有能であり、赤ちゃんの身の回りの世話を親身になってしながら、赤ちゃんの気持を思い、胸を痛めているこころのやさしい方が大勢おられます。

人間の人格形成において、赤ちゃん、とりわけ〇歳児という、もっとも重要な時期に、安易に「預けてしまう」ことによって、人格の基礎がもろく崩れやすいものになってしまうとしたら、それはのちにどれほどの禍根《かこん》を残すことになるのでしょうか。

赤ちゃんが犠牲になるばかりか、親をふくむ家族全体の問題として、ひいては日本全体の問題として降りかかってくるのです。

未来の世界を支えるのは大人になった赤ちゃんたちなのですから——。

極端な集団保育による母子分離の失敗例

集団保育の弊害について、外国では、すでに実例があります。

貧困な家庭に生まれた子も裕福な家庭に生まれた子も、同じように平等に育てようという理念のもとに集団保育を行った、イスラエルのキブツでの例や、旧ソビエトのコルホーズなどの実例を実地調査した結果が報告されています。

それぞれ「社会みんなで子どもを育てよう」という理念のもと、母子を離して子どもを育てました。

当時は、どの赤ちゃんにも同じように必要な栄養さえきちんと摂取させていれば、子どもたちは健全にすくすくと育つと考えられていました。

そうすれば国家も安泰だと考えて、母子分離による共同保育を開始したのです。

発足当時は分からないことだらけでしたから、仕方がなかったのかもしれません。

ところが、その子どもたちが思春期・青年期に至ったとき、問題行動を起こす例が多発し、犯罪が蔓延《まんえん》しました。

明確にマイナスの結果が出て、母子分離の危険性が明らかになったことで、「国家の存立も危うくなる」という危機感から、母子は分離してはならないと方針を大きく転換させた事実があるのです。

このような実例を経たうえでの方向転換は、すでに何十年も前のことなのです。

日本ではあまり知られていないのですが、実際に、その状況を現地で調査した小倉清先生（児童精神科医・日本思春期青年期精神医学会元会長）のレポートには明確にその実態が述べられています。

精神医学会の重鎮《じゅうちん》である小倉先生は、イスラエルのキブツ（共同村）や旧ソ連のコルホーズ（集団農場）における幼児教育の状況を実際に見てこられました。

イスラエルは集団保育でした。

そこで育った子どもたちが大きくなったとき、その弊害が明らかになりました。

みんな兄弟姉妹のような関係だったため、その子どもたちの間では恋愛感情がまったく生じず、恋愛に発展することがありません。

たとえ結婚に至ったとしてもセックスができないという異常事態が生じました。

また、犯罪事件も多発してしまいました。

小倉先生が視察したときには、親との接触は一カ月に一度会うだけだったそうです。親たちは集団で農場や工場で働いていました。

それで一カ月に一度だけ、カビ臭《くさ》い場所で一晩母子で過ごす、ただそれだけしか母子の接触がなかったのです。

社会全体が母子分離による弊害に気づくのに、二〇年とか二五年もかかって、ようやく、とんでもない状況が生じると気づいたのです。

イスラエルの場合には集団保育を廃止する改革につながっていきました。

旧ソ連のコルホーズでもキブツと同様の現象が生じてしまいました。

一九二〇年代の旧ソ連では、女性を家事や育児から「解放」し、子どもは国家が「平等」に育てるという政策を実行しました。

形式的平等を重視する社会主義の根幹としての政策でもありました。

その結果、どういうことが起きたでしょうか。

親子の関係は崩壊し、大人となった人たちに離婚が急増、少子化も加速、性犯罪も横行しました。

明らかに、母子分離させて平等に育てるという方策が、子どもの人格形成に悪影響を与えたのでした。

結局、旧ソ連でも国家崩壊の危機に直面し、一八〇度正反対の方向に政策転換を余儀《よぎ》なくされました。

一九三六年に制定されたソ連憲法では、家族の価値を重要視するようになりました。

このように旧ソ連では、母子分離が社会的混乱の要因となることが今から八〇年も前に立証されているのです。

これだけ明確な事実が存在する以上、この失敗に私たち日本人も学ばなければいけないのではないでしょうか。

「こども園」構想にも危うい面がある

わが国では、二〇〇六年からスタートしている「こども園」構想があります。

厚生労働省の管轄である保育所と文部科学省管轄の幼稚園が合体するという考え方です。

メリットとして、幼稚園でも子どもたちを見てもらえる時間が長くなり、保育所でも幼児教育をするようになる点だといわれています。

しかし、それにはさまざまな問題点があり、政局的判断から構想は大きくは展開することなく、「認定こども園」というかたちで、いくつものタイプの幼保一体化の「こども園」が誕生しました。

ここでの大きな問題は、「働く親たちのため」という大義名分だけが一人歩きした構想であり、本来、主人公である子ども、赤ちゃんの視点から議論されて構築された構想ではないという点です。

「こども園」のスタートは、保育所が足りないというところにあり、それで幼稚園にも保育所の役割も担わせてはどうかという発想が根本にあるようです。

そうすれば保育所の不足を補うことができ、保育所の空きを待つ待機児童の問題も解決できるだろうと期待されたのでした。

しかし、それは、子ども、赤ちゃんの立場を考えることなくプランニングされたものでした。

「保育所が足りない」「働く母親のために子ども、赤ちゃんを預かる場を作れ」そういった声に対応することが目的です。

運用の実際を考えてみましょう。

仮にフルタイムで働くお母さんの事情を当てはめてみると、毎日たとえば午後六時に迎えにいくことが仕事の実態からして無理な場合も多くあります。

第一線で責任ある立場でバリバリ働いているお母さんほど、仕事を終えて子どもを保育所に迎えにいく時間は遅くなることが多くなってしまうでしょう。

すると午後八時、それよりも遅い時間までにお迎えにいけない場合も出てきます。

それに対応する保育所もたいへんなのですが、遅くまで預かってくれるところ、つまり保育時間が非常に長いところは良い保育所だと母親たちからは評価されます。

しかし翻《ひるがえ》って、子ども、とくに生まれて間もない赤ちゃんの立場から考えてみると状況はまったく異なります。

赤ちゃんは、本来、本当のお母さんにちゃんとお世話してもらいたいのです。

お母さんと密接な関係になりたいのです。

しかし、毎日長い時間にわたって保育士さんと接していたら、お母さんよりも保育士さんとの関係の方が重きをなしてしまうようになります。

保育士さんのシフトも毎日一定とは限らず、保育士さんが変わるごとに赤ちゃんは混乱をきたしてしまいます。

でも、赤ちゃんはものが言えません。

〇歳児保育の実例を見てみると、働くお母さんのなかには、生後四ヶ月とか半年、なかには二ヶ月で預けたという例も珍しくありません。

そうなると、赤ちゃんにとっては、いったいだれがお母さんなのかわからなくなってしまうのです。

こうした〇歳児を長時間預かってくれる保育園に対して、好ましい施設、すぐれた施設だという世間の評価が与えられ、働くお母さんたちからの評判も良いという点が、問題をより根深いものとしてしまっています。

幼稚園と保育園には本質的違いがある

施設数が不足しているから幼保一体化という発想が生まれたのでしょうが、じつは幼稚園と保育園には本質的な違いがあります。

端的に言えば、幼稚園は「通う場所」であり、保育園は「預けられる場所」なのです。「だから何が違うの？」と思われるかもしれませんが、子どもたちにとってはあまりにも大きな違いです。

具体的に目に見える違いの一つをあげれば、幼稚園にはお昼寝の時間はありませんが、ほとんどの保育園にはお昼寝の時間が当然のように設けられ、すでに長年にわたって日本中の保育園でお昼寝をしています。

ですから保育園の子どもたちは、お昼寝の時間には「寝なければならない」ことが感覚として身についてしまっています。

いま、「抱っこしてほしい」「絵本をみたい」「お砂場で遊びたい」とこころで思っても、お昼寝の時間には許されません。

そこでは、個人々々の子どもに焦点が当てられるのではなく、全員の子どもという集団が中心となります。

このことは責められることではなく、福祉の一環として、保育を担うことができない親に代わって保護をしているのですから、制度運用上も集団を優先することは仕方がないのです。

さらに、幼稚園は三歳からしか通えませんが、保育園は〇歳の赤ちゃんから預けられることが大きな違いです。

どんなに優秀な保育士さんであっても、赤ちゃんと一対一で関わることはできません。

つまり、母親の代わりとなることは現実問題として不可能です。

〇歳児の赤ちゃんは、それぞれ唯一の存在であり、その他大勢の中の一員として扱われていい存在ではありません。

一人として同じ赤ちゃんはいません。

ある瞬間、眠りたい赤ちゃんもいれば、遊びたい赤ちゃんもいるわけです。

ですから、欲求の異なる赤ちゃんを一律に、「皆、同じように扱う」ことは、じつは大きな誤りであり、人格形成にとって大きな弊害が生じるのです。

第三章　いま、日本の子どもたちが危ない

乳幼児期の環境は後の人格形成に多大な影響を与える

現代の子どもたちにおいて、大きな問題として取り上げられている不登校・引きこもりは、いま克服不可能と思えるほど多くなってしまいました。

そして今もなお増加の一途をたどっています。

子どもばかりか、三十歳代、四十歳代の引きこもりの方たちがセラピーを受けにくることも珍しくありません。

こうした背景には、彼らの乳幼児期における環境があります。

幼い頃の周囲の環境によって人格形成に良くない影響を与えられ、その弊害が成人後にも続いている場合が多いのです。

けっして、引きこもりは自己責任ではなく、彼ら自身だけに責められる所以《ゆえん》があるわけではないのです。

それぞれの事例を丁寧《ていねい》にひも解き、つぶさに調査してみると、乳幼児期の母子分離が原因で人格形成に弊害が出てしまっているケースが非常に多いことがわかってきます。

乳幼児期における母子分離を回避し、健やかな人格形成ができるようにしていくことが、こうした大人の引きこもりを防止するために有効なのですが、まだそのことが一般の理解を得られていないのは残念でなりません。

子どもの不登校・引きこもりも大きな問題ではあるのですが、それが一時的なもので、再び社会に復帰できるのであれば、逆に彼らの肥やしとなるかもしれません。

しかし、大人になってからも引きこもり続けてしまい、限られた人生を家の中ばかりで過ごし、若いエネルギーを発揮できないことは、本人のみならず家族や社会にとっても大きな損失です。

このまま大人の引きこもりが増加を続けるとしたら、日本は一体どうなってしまうのでしょうか。

同時に、そうした状況にもかかわらず、有効な手立てを見出すことができずに、手をこまねいている、今の日本社会に対して憂慮《ゆうりょ》せざるを得ません。

霊長類における母子分離

国際霊長類学会では、チンパンジーやオラウータンなどの赤ちゃんを乳幼児期に母親から分離させてしまうと、赤ちゃんが成長したときに問題行動を起こすことが学問的に立証されています。

この母子分離は非常に深刻な問題で、母子を分離しただけでチンパンジーやオラウータンのような霊長類は絶滅してしまうおそれがあるのです。

ゴリラもいなくなる、オラウータンも地球上から消えてしまう、そうした危惧《きぐ》から国際霊長類学会では母親の手から子を引き離してはいけないと警鐘を鳴らしています。

そして、人工保育と称する母子分離を禁じています。

しかし、同じ霊長類にもかかわらず、人間の母子分離の危険性については一般的にあまり言及されていません。

動物学上は、ヒト科の動物は私たちヒト（人間・学名は「ホモ・サピエンス Homo sapiens」）だけではありません。

ヒト属、チンパンジー属、ゴリラ属、オラウータン属の四属が「ヒト科」に属します。共通点は尻尾がないことです。

おおざっぱに言えば、尻尾がない大型のサル類がヒト科の動物といえます。

またＤＮＡという観点でみたとき、チンパンジーやオラウータンなどの霊長類と、ヒトのＤＮＡは大差がないということが言われています。

これほど類似しているヒトと霊長類なのに、ヒトだけ母子分離をして良いわけがありません。

ましてや人間は、ヒト科のなかでも、もっとも未熟な状態で生まれてきます。

ゴリラとかチンパンジー、オラウータンというのは、ヒトの赤ちゃんよりもたくましく、生後すぐに母親にしがみつくことができたり、自分からおっぱいを飲みにいける能力があります。

しかし、人間の赤ちゃんには、そうした能力はありません。

ですから、霊長類のなかで、いちばん母子分離をしてはいけないのがヒトの赤ちゃんなのです。

ヒト科の動物だけではなく、イヌやネコなども生後一定期間（最低生後八週間）は母子分離をしてはいけないとされています。

早期に母子分離してしまったイヌやネコは、その後、問題行動を起こすおそれがあるからです。

こうした懸念から、イギリス、ドイツ、フランス、アメリカなど先進国では生後八週間までのイヌやネコの母子分離を法律で明確に禁止しています。

一方日本では唯一札幌市のみが条例で、飼い主に対し生後八週間は母子分離をしないよう努力義務を定めていますが、法制化はされていません。

もし、あなたがペットショップで「生後二ヶ月」として売りに出されているイヌやネコを見かけたら、その子が母親と引き離されたのは生後八週間よりも前のことかもしれません。

ペットの飼い主としては、小さい赤ちゃんのほうが可愛いし、より幼いころから飼育したいという気持ちがあるでしょうが、早期に母親と引き離すことの弊害は非常に重大な影響があるため、欧米ではイヌやネコでも母子分離を禁止しているのです。


このように他の動物の事例を見てきましたが、あらゆる動物の中で、もっとも母子分離を避けなければいけないのがヒト（人間）です。

それは、ヒトは生まれたばかりの時、もっとも未熟だからです。

ヒトの場合、〇歳の時にはほとんど自身ではなにもできないため、胎児と変わらないと考えなければなりません。

そして、生まれたばかりのヒトの赤ちゃんは自我、自分というものがまったく確立されていません。

自我、つまり、「ボク、ワタシ」というものがありません。

ですから、すぐそばにいるヒトが「ボク」であり「ワタシ」なのです。

近くにいる人の表情を見て、赤ちゃんは自分の嬉しい感情、悲しい感情を投影させて、同一化することによって、少しずつ自我を確立させていくという過程を経ます。

三歳くらいになると、ほとんど自我が確立されていきますので、そこでようやく母子分離が可能となります。

このように、動物園などで人間によって飼育されるゴリラやチンパンジーたちは国際霊長類学会や研究者の提言によって母子分離禁止が行き渡り、法律によって守られているのに、人間の子どもは、「保育」という名のもとに実質的な母子分離が社会的に広く行われてしまう結果、その弊害からヒトだけが守られないということになってしまっているのです。

「○歳児保育が善だ」と誤解している日本

現在の日本では、赤ちゃんの生育過程を無視した、まったく逆転した発想のもとでの「○歳児保育」の考え方が支配的になっています。

つまり、「○歳児」という最も母子を分離してはいけない時期に分離させてしまい、本来は母子を分離しなければいけない時期に適切に分離ができないという状態になっているので、結果として、いつまでも母子分離ができず、依存関係にあったり、支配関係のまま推移してしまっている親子が非常に多くなっています。

また、「○歳児保育」が善であるという誤解が、幼い赤ちゃんを預かってくれる保育園が増えることは良いことだという、さらなる誤解を招いています。

「保育園が足りない」という切実な親たちの声と、少子高齢化の危惧もあいまって、社会的要請として世論も時の政権も保育園増設、待機児童の解消だけに目が向いてしまっています。

そして「保育園」を求める声ばかりが大きくなり、赤ちゃんを自分の手で育てたいと熱望しているお母さんの声はなかなか聞こえてきません。

周囲の人達の雰囲気に追いつめられ、自分で育てるというごく自然な欲求を押し殺しているお母さんも多いのです。

自然に赤ちゃんを育てているだけなのに、「働きにもいかず赤ちゃんと家でのんびりしているなんて、なんて贅沢《ぜいたく》なの」と言われてしまうわけです。

贅沢でもなんでもありません。

ごく自然でふつうのことが、世の中から後ろ指をさされてしまう社会になっているのです。

子どもを預けて働くことが素晴らしいという社会の暗黙の了解が、赤ちゃんを自分の手で育てたいと願う母親たちへの大きなプレッシャーとなっています。

そういう幻想というか、社会的洗脳のなかにいると、「赤ちゃんと一緒にいたい」という、ごく自然で当然な願望が、あたかも罪悪であるかのように思い込まされてしまうのです。

現在三十歳代くらいの女性には、ご自身が幼いころ保育園で育ったという経歴をもつ方は珍しくありません。

そうした経歴を持つお母さんの中には「赤ちゃんのころから保育園に預けることは社会性を身につけるのに良い」と思い込んでいる方も非常に多くいらっしゃいます。

ご自身が○歳児保育を受けて育った人は、保育園での記憶が全くなくても、こうした考え方をしてしまいがちです。

私はこうした考えをもつお母さん方を数多く見ています。

「放置される」という虐待もある

ある女性は成人になってから、ベビー用の天上から吊るされたクルクル回る玩具《おもちゃ》を見ると嘔吐《おうと》感におそわれるようになりました。

乳児期をどう過ごしていたかうかがうと、生まれてすぐにお母さんから知人に預けられたといいます。

その知人は、定期的にミルクを与え、おしめを取り替えはしてくれたものの、それ以外は赤ちゃんが泣こうがわめこうが、一切、構ってくれなかったそうです。

そのため、泣いてもどうにもならないので、泣かない赤ちゃん、サイレント・ベービーになってしまいました。

結局、赤ちゃんの相手をしてくれるのは天上から吊《つ》るされたクルクル回る玩具だけであり、それが彼女にとって母親の代わりとなったのです。

そういう経験があったため、成人後、その玩具を見ると嘔吐や頭痛がするようになってしまったのです。

赤ちゃんを預かった人は、「赤ちゃんは抱いたら抱き癖がついてしまうから、たとえ泣いても放っておくのが一番」と決めつけていたそうです。

これは、「放置する」という虐待の一種なのですが、生きるために十分なミルクは与えていましたから、当時は、これが虐待だとはその知人も母親も思ってはいなかったのです。

しかし、放置された赤ちゃんには、大人になっても消えることのない大きな傷が残ってしまいました。

いま、世間では育児放棄や虐待が問題になっていますが、ミルクを与えない、おしめを取り替えないというような、誰が見ても明らかに育児放棄による虐待だけでなく、生物学的に生かしておくだけで放置することも心理的な虐待なのです。

そして、この「放置」による虐待は顕在化することは少ないのですが、実は意外に多い虐待です。

依存症が急増中

いま大きな社会問題となっているのが、極度のギャンブル依存症です。

毎日のようにパチンコに通っている方が数多くいますが、自覚がなくてもそのような人はギャンブル依存症という立派な病気を患っています。

ギャンブル依存症である当人は、ギャンブルが良くないことであることはわかっているつもりでいます。

しかし、後先を考えずギャンブルにのめり込み、子どもの児童手当などもギャンブルにつぎ込んでしまう人もいるのです。

大負けした時は、「もうやめよう」と思います。

でも、翌朝になると頭のなかにパチンコ屋さんの軍艦マーチが鳴り響き、「今日は、これまでの負けを取り戻せるような気がする」と、またパチンコ屋の喧騒《けんそう》の中に戻っていきます。

これは、いわゆる報酬系回路が働いてしまい、欲求が満たせるかもしれないという気になると、脳内で神経伝達物質であるドーパミンが分泌されます。

するとドーパミンが脳に働きかけ、「欲求を満たそう」という具体的行動に移ることになります。

そして、その行動に移ると、神経麻薬物質が出てくるのです。

（恐ろしいことに、これは覚せい剤を摂取したときと同様なのです。）

その行動の後にかならず「快」が訪れるため、やめられなくなります。

この「快」を脳が記憶することにより、ギャンブル依存から抜けられなくなってしまうのです。

依存症はギャンブルだけではありません。

記憶に新しい事件では、ホストクラブにのめりこみ、犯罪に手を染めた女性が、実は高学歴で社会的地位の高い医者だったというニュースが日本列島を駆け巡りました。

ホストクラブに行けば、かならず、自分を中心にしてくれて、一番にしてくれて、優しくしてくれる。

その上、褒《ほ》めてくれる。

まさに「快」です。

現実の日常では、そういう世界はあまりありません。

このように、神経麻薬物質の怖さは、教育レベルや社会的地位、立場というようなものとは関係がなく、かならずしも貧困層だけが依存病になるわけでもありません。

脳内を巡る「快」には、自分でも制御不能な状態となり、なかなか打ち勝つことができない強力なものです。

「頭の中に電流が走る」と表現する人もいます。

恋愛依存症に陥った二〇代後半の女性の事例をご紹介します。

彼女は聡明《そうめい》で美しい女性です。

実家は裕福なので何不自由のない暮らしをしていましたが、常に恋人が側《そば》にいないと生きていけないほど、異性依存が強い状態でした。

おつきあいをしていた彼は優しく親切な人でした。

皮肉なことにその優しさが、彼女を気持ちよくさせるので、依存はますます強化されていったのです。

「私を見て」「私の気持ちをわかって」「いつも私の話を聴いて」と、二四時間、彼の興味や関心が自分に向いていなければ、不安でいてもたってもいられない状態になるのです。

彼女はスマートホンを肌身離さず持ち、「今、彼は何をしているのか」「レスが遅いのは、私を嫌っているからではないか」と、被害妄想に陥り、次々と妄想ストーリーを作り出しました。

そうして、被害妄想が強くなると、次は「彼は私を見捨てるかもしれない」という恐怖に支配され、「彼を究極に困らせ、追い詰めるにはどうしたらいいのか」と考えるようになります。

「死んでやる。そうしたら、彼は困惑するだろう」「一生苦しませたい」と攻撃的な気持ちになり、薬を一〇〇錠飲んでＯＤ（オーバードーズ）をしたり、飛び降りをしたり、海に入って行ったりと、何度も自殺を図りました。

幸いなことにすべて未遂に終わり、彼を心配させることに成功したのですが、時間が経つとまた次の不安が持ち上がり、今度は、「思い通りにできない彼をズタズタに破壊して、殺したい」と思うようになりました。

殺人の妄想をするだけで、快感が走るといいます。

このような状態ですから、彼は日常生活もまともに送ることができなくなってしまい、ついに疲れ切って彼女の元を去って行ったのです。

自殺も殺人もかなわず、生きる希望を失った彼女はまた別の男性とつきあいだしましたが、新しい彼もまた逃げていきました。

彼女は、「なぜ、私ばかり不幸な目に遭《あ》うのか、いっそ消えてしまいたい」と考え、またも自殺未遂をおかし、病院に搬送されました。

そして退院後、身体の傷が癒《い》えてからセラピーを受けに訪れました。

セラピーの中で壮絶な彼女のこころの世界に同行していると、真っ黒な宇宙の中にひとりぼっちで漂っている赤ちゃんのイメージが浮かんできました。

彼女は大人になってもずっと、赤ちゃんの心理を他人に向けていたのです。

「わかって、わかって」「私だけを見て」「一番優しくして」「一番大切にして」これは、○歳児の赤ちゃんがお母さんに向ける健康な欲求です。

けれども、彼女は赤ちゃんではありません。

ましてや、彼はお母さんにはなれないのです。

彼女の症状や行動は、依存症ですが、単なる依存症とひとことで片づけることができないほど重症でした。

さびしくなると過食に走る。

いらいらすると暴れだす。

頭の中はいつもぐるぐると他人のことを考え、他者に対して、あらぬ疑念を抱く、というように地獄の円環のような状態でした。

強迫観念として不安が上がり、自我が耐えられなくなると、強迫行為（リストカットなど）で拭う。

これは、強迫性障害《きょうはくせい》です。

強迫行為というのは、さまざまな種類があり、例えば、残虐な映像を見ることで、強迫観念を拭《ぬぐ》っている方もいます。

彼女の観るお気に入りの映画も、残虐な殺害シーンがあるものでした。

彼女の場合は、それに加えて、妄想があり、これは病気の症状ととらえても理解が難しいものです。

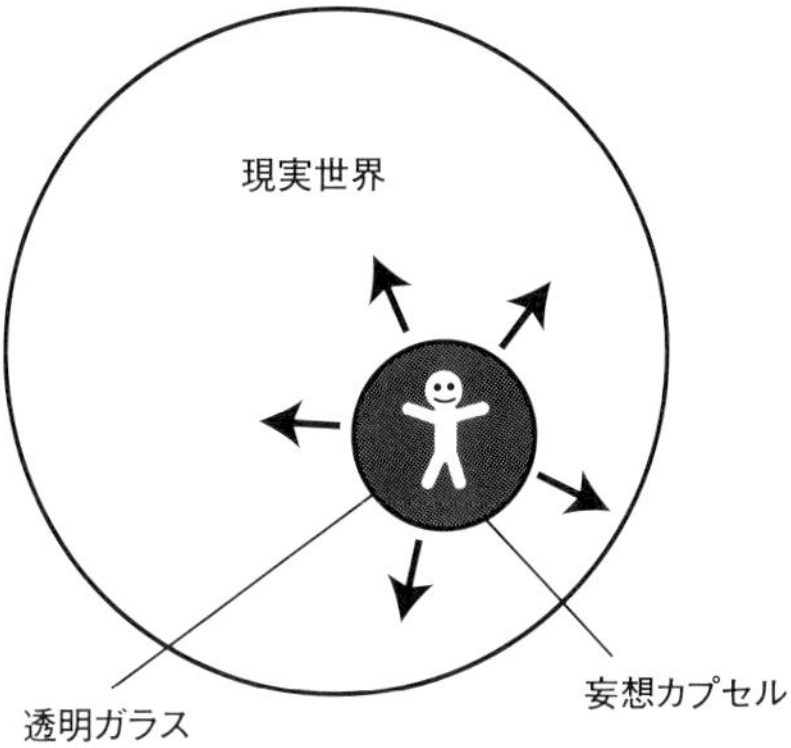

イメージを言葉にすると、目には見えない透明なカプセルが彼女を覆《おお》っている状態です。

私はこれを、「妄想カプセル」と呼んでいます。妄想カプセルの中で彼女は外の世界ばかりを見ていました。

常に彼女はひとりぼっちです。

彼女曰く、「ただ さびしいというのとは次元が全く違う。極限状態の孤独。真っ黒な海の中で自分ひとり。どんなに叫んでも誰にも聞こえない。」

また「真っ黒な森の中で自分ひとり、獣すらもいない孤独」とも表現しました。

発狂するのではないか、というくらいの孤独だといいます。

彼女は赤ちゃんの時期、建物でたとえると、基礎づくりのいちばん重要な時期にお母さんがいませんでした。

どんなに探し求めても、お母さんの姿はありません。

彼女は保育園に預けられていたわけではありませんが、母方のお婆ちゃんと、叔母や近所の人などが代わる代わるお世話をしてくれました。

その日によってお世話をしてくれる人が違うので、一定の人が側《そば》にいた訳ではなかったのです。

その上、彼女の祖母は赤ちゃんに興味がなく、「赤ちゃんのときの記憶はいずれなくなるから放っておけ」といい、ミルクとおしめのお世話をするだけで、赤ちゃんの側に誰もいなかったそうです。

お母さんはたまに側にいたのですが、赤ちゃんといても目を合わせることもなく、それどころか、出産する前から精神的に不安定だったので、自分の感情を赤ちゃんにぶつけていたといいます。

彼女は赤ちゃんのときからずっとお母さんを心理的に支えていたのです。

そして、赤ちゃんの彼女は、このことを表現し、訴えるすべはありませんでした。

セラピーを受けていくなかで彼女は自分の苦しみがどこからくるのか、内省を深め、自分の無意識の中で、人生早期の赤ちゃんの自分と母親との体験が欠落してしまったために、今なお、「〇歳児」の自分がお母さんを追い求めて宇宙にさまよっているのだ、と自覚することができるようになってきました。

セラピーはホストクラブのように「快」もなく、親切で優しい人のように、気持ちよくもしてくれません。

また、当然のことながら、セラピストはお母さんにはなれません。

しかし、セラピーは個室の中で一対一で会い、クライエントさんの気持ちに共感するため、セラピストが「お母さん」になってしまう危険をはらんでいます。

そのため、このような状態のクライエントさんとは特に注意して距離を取り、治療枠の中で、決してお母さんになってはいけない、と諌《いさ》めながら援助をしていかなければなりません。

気持ちよさとは真逆の苦しくて痛い作業です。

それでも彼女は、現在は自殺や殺人という破壊的な行動をとることもなく、セラピーの中で満たされなかった〇歳児の欲求という壮大な課題に取り組んでいます。

（本書では治療理論については割愛させていただきます。）


自我を確立するために、もっとも重要な存在である母親が赤ちゃんをそばで見つめ、赤ちゃんが「楽しい」、「わくわくする」とき、赤ちゃんが笑うと、母親も楽しそうに微笑む。

その母親の顔を見て、「ああ、これが楽しいこと、うれしいことなんだ」と、母親の表情を自分の表情だと思って一体化し、赤ちゃんは徐々に自我を形成していきます。

赤ちゃんは自分の顔は見えないのです。

ここが重要です。

宇宙にたったひとり赤ちゃんを彷徨《さまよ》わせないために、母親は赤ちゃんの鏡にならなければなりません。

このことを私たち大人が知らないことが悲劇を生むのです。

母親と保育士の違い

母親と保育士さんとは絶対的な相違があります。

お母さんは一人だけです。

でも保育士さんは複数人おり、チームで保育を担当しています。

一人の赤ちゃんを見る保育士さんは、曜日や時間によって交代するのが普通です。

それは仕方ありません。

一人の保育士さんが、たとえ限られた人数の赤ちゃんをみるかたちであったとしても、母親とは違います。

赤ちゃんが「あっ、お母さん！」と意思表示をしたいときに、保育士さんが他の赤ちゃんの世話をしていることもあるでしょう。

けっして保育士さんが悪いわけではなく、もちろん虐待をしているわけではないのですが、その赤ちゃんにとっては、意思表示を無視されるという残酷な瞬間が、ごく日常的に生まれてしまっているのです。

また、赤ちゃんは、お母さんが三人、四人いたとすると分裂してしまいます。

保育士さん一人ひとり顔が違うのですから当然です。

鏡に写る自分の顔がいくつも存在することになるのです。

時間ごとでお母さんが交代してしまう状況に赤ちゃんは耐えられるはずがありません。

何ものを言えないだけで、赤ちゃんは悲鳴を上げています。

赤ちゃんが母親にしがみつくという、ごく自然な母子一体化が大切なのです。

一定時期が経過すれば、子どもは自然と母親から離れます。

しかし、今日の日本では、一体化しなければならないときに分離され、親と分離しなければいけないときに親に依存してしまうという、逆のかたちで親子関係が形成されてしまっています。

一緒にいなければいけないときに離れ、離れなければならないときに追いかけるという逆転現象が起こってしまっているのです。

母子分離の危険性は明らか

ここまでみてきたように、乳児期の「母子分離」が危険であることは明らかです。

母子分離の状況で赤ちゃんのときから育った人たちが、思春期そして青年期にさまざまなかたちで症状が出てしまっています。

不登校、引きこもり、動機が不明な犯罪など、周囲からみると原因がよくわからない問題行動が多発しています。

ただ、当事者である本人も○歳児の赤ちゃんのときの記憶はまったくありませんので、その支障の原因を母子分離に求めることは難しいでしょう。

しかし、客観的にそのケースを見るとそれは明らかなことが多いのです。

ただ、ここで一つ申し上げておきたいのは、子どもを保育園に預けたり、母子分離の状況で赤ちゃんを育てるにあたって、大人の側からの論理・観点としてはきわめて崇高で評価できる場合が、かえって危険であるという側面です。

母子分離となるのは、母親が仕事をもって社会の第一線で働く場合に限りません。母親が収入を得るためではなく、社会貢献のためにボランティア活動に従事したり、各種の社会活動や慈善活動のような、世のため人のために奉仕するため、○歳児を人に預け、結果的に母子分離の状態で子どもを育てるような場合も、保育園の○歳児保育に預けるのと同様もしくは、より危険な側面があるのです。

○歳児保育に赤ちゃんを預けてパチンコに興じるような母親も残念ながらいますが、

見方によっては、こちらの方が自らの行為が是認されないものであることを自覚しているだけ救われる面もあります。

それに対し、他者から評価されるような活動に従事するために、結果として母子分離となった親子の方が、問題はより深刻となりがちです。

思春期・青年期に深刻な悩みを抱えて、「立派なご両親なのに、どうして？」と周囲が思ってしまうケースでは、こうした背景のもとでの母子分離が起こっていることが多いのです。

しかし、乳児期から思春期・青年期に至るまでには、十数年もの年月が経過しているため、母子分離の時期までその原因を遡《さかのぼ》って考えることができずに、見落としてしまいがちです。

子ども自身が背負う母子分離の弊害

こうした母子分離の弊害は、赤ちゃんであった子ども自身にあらわれます。

赤ちゃんには何の責任もないにもかかわらず、思春期から青年期、そしてそれ以降も母子分離が原因となって起生するさまざまな深刻な状況を背負っていかなければなりません。

不幸なことに問題行動を起こし、「事件」となった場合には、一生引きずることにもなりかねません。

「なぜこんなことをしてしまったのか」「どうして、こうなってしまったのか」ということを仔細に分析していくと、多くの場合、乳児期にその遠因を見出すことができます。

ところが、ニュース報道などでは、ある事件が起きて、取り返しのつかない状態となった際に、コメンテーターが「これは問題だ！」と声高に指摘はするのですが、では、そうした事件が再発しないようにするために、どうするか、ということまでは踏み込んで分析しようとする試みはあまり見えません。

いま、日本ではこれだけ多くの問題現象が起きているのに、その表層のみを捉えるだけで、本質的原因を究明することなく予防への対策が講じられていない気がします。

他人に危害を加えた加害者は許されません。

しかし、なぜこうしたことをせざるを得ない状態になったのかを、一人ひとりが掘り下げて考えていかない限り、こうした問題行動は増える一方です。

母子分離は心理的虐待の一種である

育児をめぐり、さまざまな虐待が存在することは広く知られるようになってきていると思います。

しかし、乳児期の母子分離が心理的虐待の一種であるという認識は、まだ一般化していないように思います。

母子分離は、明らかに心理的虐待です。

一方で「〇歳児保育」は、疑いもなく肯定的なニュアンスをもった言葉としてとらえられていると思います。

一般的な感覚として「〇歳児保育」に疑いを持つ人は少ないはずです。

しかし、〇歳のときに一日のほとんどの時間をお母さんと離れて育つことは、危険な母子分離であり、赤ちゃんにとっては、お母さんが意図しない心理的虐待となってしまうのです。

分業化が進展した現代社会においては、さまざまな分野でお金を出して仕事をしてもらうことは一般化してきています。

いわゆるアウトソーシング（外注）は家事一般においても、ごくふつうのことになりつつあります。

掃除にしろ食事にしろ、むしろプロに任せるほうが、質的向上につながるという面もあります。

しかし、子育てだけは、アウトソーシングではうまくいかないどころか、乳児期の母子分離をもたらし、子どもの将来に大きな禍根《かこん》を残すことになってしまいます。

保育園において〇歳児のケアをしてくださっている保育士さんたちは使命感を持ち、けっして高い報酬でないにもかかわらず、熱心に取り組んでおられることは確かです。

その保育の質という面では、かなりのレベルにあると思います。

しかし、本質的な問題は、保育士さんはお母さんそのものではないということです。

保育園のスタッフ数や体制によって、赤ちゃんが目にするお母さん代わりの顔がクルクル変わってしまうことでの混乱が、健全な自我の確立を阻害《そがい》することとなり、それが後年、大きなマイナスとして爆発してしまうことがあるのです。

赤ちゃんの場合、けっして「親はなくとも子は育つ」ということわざは当てはまりません。

この諺《ことわざ》は、親子が離れなければいけない時期に至ってはじめて成り立つものであり、生後まもない一年間のうちは、「母親がいなくては、子は健やかには育たない」のです。

もちろん、ここでの母親とは文字通りの生物学的な母親のみをさすものではありません。

赤ちゃんが混乱することがないように、母性を持った男親（父親）が赤ちゃんを独占的にケアし、母親がまったく赤ちゃんに関与しないのであれば、それは「母子分離ではない」と判断できます。

第四章　〇歳児保育はやめよう

○歳児保育は「絶望」という孤独感をもたらす

乳幼児期、ことに○歳から一歳の間に母子分離されてしまった赤ちゃんは、かまってほしいとき、反応をお母さんにもとめたとき、お母さんからは何もフィード・バックを得ることができません。

母子関係が成立していないわけですから、そのとき赤ちゃんが感じる寂しさは、筆舌《ひつぜつ》に尽くしがたいほど深く、そして闇のなかに沈むものになってしまいます。

その赤ちゃんが育ったとき、赤ちゃんが経験した寂しさ、闇のなかにとりのこされた孤独感は、記憶はなくとも、深い領域における人格形成に影響を及ぼします。

中学生・高校生以上の年齢まで成長していたとしても、乳幼児期に体で感じた孤独感からのがれることができず、「絶望」という孤独感にさいなまれることになるのです。

思春期・青年期になってさまざまな問題行動を見せるようになったとき、その原因が乳幼児期に問題があったのだと、ようやくわかるようになります。

しかし、時計を巻き戻すことはできません。

中には問題行動が過激化し、他者を傷つけるような破滅的行為に出てしまう子どももいます。

こうした場合、多くのお母さん方が、「子どもが赤ちゃんのときに母子分離が危険だと教えてほしかった」「できることなら時間の流れを逆戻りさせて、子どもの乳幼児期にもどって、一からやり直したい」と、涙ながらに訴えます。

過ぎ去って戻る事が絶対にできない過去に立ち返り、「もう一度、子どもが産まれてきた時に戻りたい」と多くの人が望んでいるのです。

砂時計を逆さにするように「過去」をやり直すことができたら、なんと素晴らしいことでしょう。

しかし、もちろんそれは不可能です。

でも、そんな無理なことをあえて口にしなければならないほど、追い詰められている方が珍しくありません。

日光東照宮の猿の母子の彫刻に学ぶ

世界遺産のひとつに徳川家康を祀《まつ》っている日光東照宮があります。

そこには、人の一生を表しているとされている猿の彫刻が施されています。

八面にわたって、猿の「誕生から妊娠」までを現したものです。

母子が一緒にいる一面から始まります。

赤ちゃん猿の側《そば》には母猿がおり、母猿に守られながら、赤ちゃん猿は成長していき、色々経験を積み、やがて大人になり、次の世代の子供を宿し母となって一面に戻るのだそうです。

母親に守られた赤ちゃんは、次の世代の赤ちゃんを守るという世代間で繰り返されていくさまが伝わってきます。

家康は六歳の時に尾張の織田信秀の人質になり、後に人質交換でいったんは解放されるものの、今度は駿河《するが》の今川氏の人質として一〇年近くの歳月を過ごしました。まだ幼かった家康にとって、母親から引き離された経験は生涯忘れることのできない外傷体験だったのでしょう。

この猿の彫刻には、母子が一緒にいることが国家の平和を作る基礎づくりになるという、家康の願いが込められているのではないでしょうか。

一〇〇年続いた戦乱の世に終止符を打ち、二六〇年もの長きにわたり、平和な世を築けたのはなぜなのか、その答えがここにあるような気がします。

赤ちゃんを育てることは何よりも楽しいこと

母親にとって、赤ちゃんを育てることは非常に楽しいことです。

これは、例外なく誰にとっても同じです。

イヌやネコも、母親は生まれたばかりの赤ちゃんが可愛くてしかたないから育てます。

母子が一体化することで赤ちゃんが自我を確立していくという過程は、人間を含む動物に共通することです。

なかでも、ヒト科のヒト類は「母子一体化」が他の動物より長期間にわたって必要となります。

ヒトの赤ちゃんは他の哺乳類に比べても未熟な状態で生まれ、その未熟なままの期間が長いからです。

ここまで述べてきたように、母親と赤ちゃんを引き離してはいけないにもかかわらず、日本の社会は赤ちゃんを母親から引き離してしまう「○歳児保育の拡充」という社会構想を是とする方向に向かってしまいました。

社会経済的要因がこうした方針の羅針盤《らしんばん》だろうとは思いますが、乳幼児期の「母子分離」にさらされた子どもが成長してからもたらす、さまざまな弊害は、社会全体で見ても、その損失ははかり知れないほど大きなものではないでしょうか。

未成熟な大人が数多く生み出されてしまったり、乳幼児期の母子分離が遠因となって犯罪に走ってしまう人が増えるなら、○歳児のころ母親が赤ちゃんを預けて得た経済的利益をはるかに上回るマイナスとなってしまうことは明白です。

母親が働かなくても生活できる保障が必要

もちろん、母子分離をしないで赤ちゃんを育てるためには、その基盤となる経済的な裏付けがなければ不可能です。

つまり、どんな家庭、どのような境遇であっても赤ちゃんを育てる家庭においては、一定以上の収入を保障するという社会保障がなければ、「お母さんは働かずに赤ちゃんを育ててください」とは言えません。

少子化が叫ばれ、保育園不足、ことに○歳児保育の施設が極めて不足している状況にあるからこそ、○歳児を持つ親には、子どもを育て生活できるだけの十分なお金を税金から直接に支給すべきだと思います。

こうした提案をすると、すぐに「財源もないのに非現実的だ」との批判があります。

果たして、ほんとうにそうでしょうか。

現在でも保育所に預けられている〇歳児については、税金から補助金が支出されています。

〇歳児は、例外なく母親が各家庭で育てることにし、その代わり家庭に一定の金額を毎月支給するという制度を採用したとしても、それで国庫が破綻することはないでしょう。

これまで〇歳児保育に投じていた税金からのコストを各家庭への直接支給に代替するだけのことです。

〇歳児収容のための施設を新設する必要がなくなり、その分を現金支給に回せます。

加えて、保育所では〇歳児を収容しなくてもよくなりますから、一歳以上の幼児をより多く収容することが可能となり、結果として待機児童の減少にもつながっていきます。

こう述べると、あまりにも実現不可能な話を提言しているように受け止められるかもしれません。

しかし、そうではないと思います。

というのも、すでにこれを実現していて、それがうまく機能している国もあるからです。福祉国家として名高いノルウエーがそうです。

ノルウエーでは、原則として公立保育園での○歳児の受けいれを一切禁止しています。つまり、保育園では○歳児は預かってくれないのです。

では、どうしているかというと、各家庭で親が赤ちゃんを育てます。

親には一年以上の育児休暇が認められ、休暇中も給与の一〇〇%が支給されるために、生活のために○歳児を保育園に預ける必要がないのです。

社会的コンセンサスとして、「子どもを育てることが親の仕事なので、○歳児の間はきちんと子育てをしよう。その間の収入は保障する。休暇取得後の職場復帰も確約する」ということが社会の仕組みとして確立しています。

ですから、ノルウェーでは、出産を機に女性が退職しなければならないような事態は生じません。

出産後、一日も早く職場復帰しないと職場で自分のいる場所がなくなるという心配も皆無ですので、安心して子どもを産み、赤ちゃんを育てることができます。

日本の企業にも少しずつ変化の兆しが

「○歳児は母親が育てるべきだ」という考え方は、少しずつではあるのですが企業においても、それを具体的に実践しようというところが現れてきています。

首都圏のある会社では、正社員の四〇%ほどが女性社員であり、これから出産を予定している既婚女性も数多くいることから、社員が出産によって会社を離れることなく、生まれた赤ちゃんをお母さんが自分で育てられる方策を考案したそうです。

その会社の常務さんが、わたくしの主張をお聞きになり、出産後二年間は自分で赤ちゃんを育てながら、在宅で無理をすることなくできる範囲での仕事をするかたちを模索中だそうです。

インターネット環境の整備に伴い、職種によっては赤ちゃんのいるお母さん社員が在宅でもある程度は仕事ができるという事情も大きいのでしょう。

二年経過後は、以前のポストに復帰でき、社内にあった広いスペースの役員室を社員の子弟専用の託児スペースに転用し、新たに保育士さんを会社が雇用して、学齢期前の幼児を無料で預かるかたちにするそうです。

お子さんと一緒に出社し、なにかあればすぐに託児室にお母さんは行くことができ、終業後はともに帰宅できるようになります。

この方策による会社のコスト負担増は、有能な女性社員の離職に伴うマイナスを考えると十分にカバーでき、今後もより能力の高い女性が働きやすい環境となることで経営的観点から見ても大いにプラスになると判断したと聞きます。

この会社では、すでに二名の女性社員が出産を間近にひかえ、二年間、在宅で仕事をしつつ赤ちゃんを自分で育てる準備に入っているそうです。

「なにがなんでも○歳児保育の施設に預ける」のではなく、企業自体がこうした努力や工夫をしていくという方向性は、これからの時代に生き残ることができる企業の条件かもしれません。

赤ちゃんが幸せになり国を滅ぼさないために

赤ちゃんは家族の宝であるとともに、国の大切な宝ものです。

なにものにも代えがたい存在が赤ちゃんです。

ここまで述べてきたように、成長した子どもたちが、思春期・青年期を迎えたときに予想もしなかった困難な状態に突然陥ってしまう例が多発しています。

なんの兆候や前触れもなく直面してしまう場合も少なくありません。

でも、原因がないわけはありません。

多くの問題行動や〝こころ〟の不調は、そのもともとの要因を辿《たど》れば、乳幼児期の「母子分離」にあることが多いのです。

だからこそ、いま、集団での「〇歳児保育」という手法の危うさ、恐ろしさを一人でも多くの方々に認識していただきたいと強く願います。

けっして対応のしようがないものではありません。

ごく単純に、せめて、〇歳から一歳のわずか一年間だけでもお母さんが赤ちゃんの鏡となって「母子一体化」して赤ちゃんと共に生きていただきたいのです。

そこで得られるものは、言葉では言い表せないほど価値がある貴重な時間です。

赤ちゃんが幸せになり、その赤ちゃんが将来担っていく、日本という国を滅ぼすことのないように、集団での〇歳児保育は、ぜひやめていただきたいと強く願います。

あとがき

日々、非常に多くの悩みや問題行動で困っている方々と接しています。そうした経験の中から、その原因が乳幼児期の母子分離にあることが明確にわかってきています。

たまたま世の中では、「保育園大増設！」のかけ声のもと、人びとの間でもマスコミでも、そして政治の世界でも、「なんとか保育園をたくさんつくって、待機児童をゼロにしよう」との大合唱が繰り広げられています。

にもかかわらず、私は「〇歳児保育はやめたほうがいい」ということを本書で述べました。

〇歳から三歳、四歳から学齢期までという大きなくくりで、各時期に応じて大切なことが異なり、さまざまな視点から、子育てにおける課題をあげることができるでしょう。

私はそのなかでも特に、〇歳から三歳までの乳幼児期は自我が確立されておらず、基礎と土台づくりの期間であると考えています。

さらに、〇歳から一歳の一年間が、とりわけ重要であり、その子どもの一生を左右してしまうほどの決定的な影響を将来にわたって及ぼす、ということを皆様にお伝えしたく、この本を著しました。

社会一般では、望ましいと思われている「〇歳児保育」が危険だということは、すでに多くの実例によって示されています。

私たちは、あくまで、赤ちゃんを主人公として、この問題を考えていくべきだと強く思います。

大人の勝手な思惑《おもわく》で赤ちゃんの聖域を一歩でも犯すことは断じてなりません。

この日本をこれから支えていってくれるであろう子どもたちに、大人は最善の舞台を用意してあげる義務があるのではないでしょうか。

その舞台の第一幕が、「〇歳から一歳」の一年間、三六五日です。
「〇歳児保育は、百害あって一利なし」です。
どうか、この厳粛な真実をみなさまに直視していただきたいと願います。

二〇一六年　六月吉日

著者

網谷 由香利（あみや・ゆかり）
心理療法家。臨床心理士。北海道出身。東洋英和女学院大学大学院人間科学研究科（臨床心理学領域）、博士後期課程で博士（人間科学）号取得。
心理療法によるこころの治療に取り組む傍ら、心理的治療のみにとどまらず、一般向けの心理セミナーや著名な精神科医、心理療法家を招いての講演会や心理セラピスト養成のための講習会を継続的に開催するなど、多岐にわたり後進の養成に尽力。臨床的実践を経て、2014年、「一般社団法人佐倉心理総合研究所」設立、理事長に就任。
著書に『子どもイメージと心理療法』『あんぐりいあかちゃん』（論創社）、『子どものこころが傷つくとき』『子どもの「こころの叫び」を聞いて』（第三文明社）など。

「○歳児保育」は国を滅ぼす

2016年8月20日　初版第1刷印刷
2016年8月25日　初版第1刷発行

著　者　網谷由香利
発行者　森下紀夫
発行所　論 創 社
東京都千代田区神田神保町 2-23　北井ビル
tel. 03（3264）5254　fax. 03（3264）5232　web. http://www.ronso.co.jp/
振替口座　00160-1-155266
装幀／奥定泰之
印刷・製本／中央精版印刷　組版／フレックスアート
ISBN978-4-8460-1555-8